누가 말하지 않아도

누가 말하지 않아도

| 한영례 시조집 |

시인의 말

"편지의 행방"이 묘연杳然 했는데,
유랑流浪하던 편지를 발견한
별나라 시인을 만나게 된 건
우연이 아닌 듯합니다.

실은 하나님의 꿈이
내 삶 속에
디자인 되어지는 것이라 여겨집니다.

등단 후,
3년의 장고長考 끝에
수줍음 다 내려놓고
첫 시조집을 선보입니다.

여기까지 사랑하는 이들이 보내준
뜨거운 응원에 감사하며...

2020년 9월
承宙 한 영 례

목 차

시인의 말 · 5

1부

어시魚翅 · 12
햇살 통장 · 13
누가 말하지 않아도 · 14
시간에게 묻다 · 15
행복은 · 17
편지의 행방 · 18
저수지 · 19
말에게 말하다 · 20
연주 언니 · 22
옥양목 수의 · 23
호두 · 24
요즘 청개구리 · 25
다르다와 틀리다 · 26
인생을 다시 산다면 · 27
반갑지 않은 손님 · 28
가슴에 박힌 별 하나 · 29
경의선공원 소회 · 31

2부

조청 · 34
할머니 기도·1 · 35
할머니 기도·2 · 37
팔월을 보내는 소리 · 38
친정집 포도나무 · 39
최고의 꽃 · 40
어머니와 배추 전 · 41
아버지의 황소 · 43
방음벽 · 44
이상하다 갸우뚱 · 45
이젠 됐다! · 46
내리사랑 · 47
금禁줄 · 48
거울 · 50
말복 · 51
꽃피면 안다 · 52
달맞이꽃 추억 · 53

3부

목련 낙화 · 56

민들레 · 57

넝쿨장미 · 58

바지랑대 · 59

마유목 · 60

들국화(산국) · 61

자작나무 · 62

늦가을 은행나무 · 63

꽃잔디 세상 · 64

봄, 수행자 · 65

개망초 · 66

산수유 단상 · 67

꼬마벤치 · 68

세치 혀 · 69

집짓기 · 70

튤립 꽃 독백 · 71

4부

꿈꾸는 달빛초당 · 74
반달송편 · 76
전지剪枝 · 78
순천만 갈대숲 · 79
단풍잎 우산 · 80
넓은 품 · 81
끝없는 샘물 · 82
개미 마을 · 84
강천산만 같아라 · 85
가을날의 기도 · 87
계수나무 · 88
겨울 나목 · 89
사비성 일기 · 90
거리두기 · 91
유도留島 · 92
인제의 아침풍경 · 94

작품 해설

행간과 행간에 숨어있는 따뜻함의 철학 · 98

1부

어시魚翅*

따뜻하고 다정한
당신의 말 한마디

"사랑한다 예쁘다"
살갑게 몸에 붙어

아무리
험한 세상도
헤엄치게 합니다

* 물고기의 지느러미

햇살 통장

별것도 아닌 일에
상처 받는 소심함이

마음의 근력 다해
안 아픈 척 애써 봐도

빈 말이 휘젓고 간 공터에
나뒹구는 햇살 통장

꺼내 쓸 그 사랑이
내 통장엔 없나보다

허리가 휘어지는
거목 같은 사랑으로

드리운 그늘만큼의
넓은 품이 되고 싶다

누가 말하지 않아도

호숫가 솔가지는
물을 향해 팔을 뻗고

베란다 예쁜 꽃들
햇빛 향해 입술 열고

생명은
태어난 순간
사랑으로 향한다

자란 곳 그리운 이
고향 향해 발길 가고

본향을 품은 이는
천성 향해 걸어간다

인생은
기댈 수 있는
그 품에서 웃는다

시간에게 묻다

어정어정 보낸 널 이즈막에 벗개보니

길 잃은 아이처럼 앞으로만 가더라

절대로
서두르지도
늦추지도 않더라

자고 쉬는 밤에도 쉼 없이 가더라

움직이는 것들은 다 소리가 있는데

흘러도
침묵하는 건
오직 너뿐이더라

천하무적 장사요 화살같이 날 센 너

내 편인가 했더니 두루 공평 하더라

지금이
순금보다도
훨씬 값진 거더라

무서리 곧 내리면 공명도 무색한데

긴 줄기 이어가는 찰나 같은 점 하나

허락된
남은 호흡을
무엇으로 채울까?

행복은

사랑하는 사람 하나
있으면
되는게지

사랑받는 사람 하나
있으면
되는게지

서로가
마음 터놓고
말할 사람 하나면 되지

편지의 행방

붉어가는 대추알
비바람에 흔들려

후두둑 떠는 소리
심장 두드리던 날

마음이
허우룩하여
돌을볕에 쓴 그 편지

구름이 실어다가
어느 별에 주었는지

답 없는 한 세월이
강물처럼 흘러가고

대추가
익어 갈 때면
설레임이 되푸르다

저수지
- 마장호에서

맘껏 떠날 수 있게 내버려달라는 당신

가는 길 가로 막고 같이 살자 청혼했지

우리가
여기 머물러 정다이 살고지고

봄이면 벚꽃들이 환하게 웃어주고

여름밤 하늘은 보석으로 빛나고

가을엔
고백한 엽서 수북이 쌓이겠지

솔 향 간지럽히는 산책길 거닐다가

건너편 복숭아 같은 그대 손짓 하면

단숨에
출렁다리로 흔들리며 가겠지

*마장호는 경기도 파주시 광탄면 기산로 365에 소재하는 저수지

말에게 말하다

이렇게 낯선 너는 어디서 온 것이냐

헤어진 적 없건만 누구를 찾아왔나

생채기
나게 한 그대
뉘 가슴에서 가시 됐나

할 일 없이 여기 저기 바쁘게 다니면서

불이 되어 사르고 광풍 되어 휘 젓는가

세치 혀
얼마나 힘센지
삼손도 감당 못해

휘돌아 다시 오는 순리를 잊지 마라

몇 마디 홀씨가 어디로 날아갈지

생각의
즙을 짜내고
마음의 간을 맞추어라

연주 언니

그 심성은 명주실
그 모습은 매화꽃

난초같이 기품 있고
샘물같이 사려 깊어

진흙길
걷지 않고 핀
정갈한 연꽃 같다

옥양목 수의

열아홉 살 숙희의 가스 중독* 사고 소식
추운 겨울 새벽녘 얼떨결에 달려가니
아, 벌써
영혼이 떠나고
빈 몸은 싸늘했다

눈물 한 땀 바늘 한 땀 꿰매어 지은 흰옷
마지막 옷이 되어 정갈하게 입혀졌다
참으로
영원한건 없을까
애참하고 궁금했다

거꾸로 주름잡은 흰 치마 차려 입고
별처럼 멀어져 간 곱니고운 내 친구
어쩌다
창문에 얼비친
흰 머리 쓸어내린다

* 1970-80년대에는 연탄보일러 가스(일산화탄소)중독 사고가
  빈번해 사망 하는 일이 많았음

호두

동그랗게 여민 입술
좀처럼 떼지 않아

단단한 그 속내를
알 길이 없었더니

깨어져
아픈 주름 사이
꽉 차게 성숙한 너

요즘 청개구리

청개구리 어깃장에
잠 못 드는 그 어미

입에 풀칠 못할 날
행여 찾아 올까봐

복중에
소나기처럼
울어대는 식솔들

청개구리 발상이
요즘은 대세라며

혹시나 뜨는 날이
올지도 모른다고

보름날
달덩이처럼
맨날 웃는 그 아들

다르다와 틀리다

당신 너무 엉뚱해서
틀렸다 여겼더니

생각의 생김새가
나는 네모 너는 세모

이 세상
모든 것들이
그림자조차 다르네

운 좋은 날 볼 수 있는
영롱한 무지개

깃털하나 같은 게 없는
현란한 새들을 보네

미완의
인생에게는
다름이 선물이네

인생을 다시 산다면

조금 더 용기 있게
가슴열고 맞서리라

세상을 거꾸로 본
믿음으로 채우리라

사랑이
넉넉한 꽃밭을
일구면서 살리라

오늘 감춘 햇살에도
감동을 기대하며

희망을 가득채운
기쁨의 언어들로

말하리
움직이는 마음
사랑하는 이에게

반갑지 않은 손님

해마다 소한 추위
단골손님 찾아온다

방문에 달갑잖아
푸대접에 심술 났나

온 지가
일주일이 지나도
가려 하지 않는다

고얀 선물 기침 시작
콧물도 따라 오고

주사, 약도 아랑곳
몸살과 목의 통증

어련히
가겠느냐 만은
주인은 아직 털 난 목소리

가슴에 박힌 별 하나

우주에 이끌리듯 그리운 사람 하나

세월이 가고가도 바래지 않고 남아

오롯이
비추어주는
가슴에 박힌 별 하나

넘치는 그리움을 실어가는 시냇물

다시 되 오지 않는 저 강물이 되었고

그리움
겹겹이 쌓여
높은 산이 되었다

이제는 그 옛날을 함께 할 그대 없어

외로우면 산에 가고 슬프면 강으로 간다

언젠가
천상의 재회
꿈꾸며 오늘을 산다

경의선공원 소회

음지가 양지 된 듯
잔치가 벌어진 듯

경의선 노선위에
거리 공원 차려졌다

오래 전
삶의 그림자
철거해 간 그 자리

길고 긴 새 길에는
꽃들이 속삭이고

녹색의 '책거리'는
굳은 마음 녹여내

평행선
마다하고서
아우르는 너와 나

2부

조청

밥알 삭힌 식혜 물 가마솥에서 밤 새워

장작불 나른할 즈음 엿물은 뽀글대고

단 냄새
부뚜막 그득한데
졸음에 겹던 어머니

조청 한술 떡에 발라 보약처럼 먹이셨지

세월 잊은 미각이 세밑에 들썩인다

구수한
엄마손 조청
그때가 참 그립다

할머니 기도 · 1
– 손녀 첫 상봉

신비로운 엄마 궁에서 조금 일찍 나온 공주

유월 중순 첫 상봉 가슴이 두근두근

연인을
기다린 듯이
한걸음에 달려갔다

가슴에 가만가만 안아보는 뿌듯함

세상을 다 얻은 듯 두 눈 속에 담았네

예수는
구유에 오시고
너는 인큐베이터에 왔구나

새 생명 경이로워 찬양하는 내 마음

평생토록 사랑 받고 기쁨 되게 하소서

손녀가
강건하기를
빌고 비는 할머니

할머니 기도 · 2
― 손녀 두 돌에

놀소리도 없던 손녀
방언을 시작했다

호기심 어린 눈이
떼를 써도 예쁘다

아기가
앙글거리면
온갖 시름 잊는다

서투른 숟가락질
그 모습도 하뭇하니

살아온 날 기쁨을
다 섞어도 이만 할까

말문 터
할머니라 부를 날
꽃 들고 기도한다

팔월을 보내는 소리

막바지 슬픈 매미
고별노래 쓰르람

아련히 들려오는
새 울음 벌레소리

대기가
놀라서 우는 걸까
천둥소리 빗소리

선선한 바람결에
잎새들 재잘거림

이웃집 웃음소리
남편의 플룻 소리

내 가슴
가장 울렁이는 건
갓 난 손녀 울음소리

친정집 포도나무

친정 뒤란 여름은
포도들 열린 잔치

우물곁에 뿌리내려
지칠 줄을 모른다

어머니
날 반겨주시듯
주렁주렁 맞아준다

나무나이 환갑 지나
칠십 세가 되었다

오빠 정성 보답하듯
지난햇 육백송이

부모님
길러주신 은혜
보답 못한 나보다 낫다

최고의 꽃

공원도 놀이터도 귀하던 옛 시절에

철길 옆에 봄 되면 만발했던 야생화

그 중에
납작 업뎌 핀
좁쌀 같은 흰 냉이 꽃

세 살배기 아기가 놀다가 들어와서

고사리 손에 한 움큼 엄마 손에 쥐어준 꽃

그 꽃은
엄마가 받은
평생 최고의 꽃다발

어머니와 배추 전

간이역 오신 걸까
아슬하게 누운 어머니

늘어진 주사 줄들
어머니의 연명 줄

통증은
날카로워서
곁에 선 이도 아팠다

의자에 앉고 싶고
배추 전 먹고 싶다는

눈에 선한 그 청을
췌장이 막아섰다

살다가
그리 쉬운 걸
못할 때가 있다니...

아홉 명 아들딸도
더 붙들 길이 없어

아픔 없는 곳으로
떠나보내 드렸다

어머니
좋아하시던
배추 전 목이 멘다

아버지의 황소

겨울 아침 구유엔 김이 나는 쇠죽 가득

그 큰 눈 껌뻑이며 구수함에 콧김 쐬어

긴 혀로
여물 휘감아 넣고
맛있게도 먹는 녀석

질긴 목을 비틀어 주인 어깨에 비비고

아버진 소 등을 매만지고 긁으신다

황소는
아버지의 분신
어린 내겐 질투의 대상

방음벽

가재울* 앞 오고가는
기차소리 삼키곤

아무것도 못들은 양
초연히 벋서 있는

방음벽
들레는 소리돌림
마다않고 들어 주네

화내고 소동 쳐도
수긋하게 해주시고

소음을 지워주고
단잠을 재워주던

어머니
그 빈자리에
어느 결에 내가 있네

* 가재울은 서울 서대문구 남가좌동 소재

이상하다 갸우뚱

혼인한 지 사년 된
아들내외 임신 소식

며느리 냄새 난다
입덧으로 괴로운데

아들은
뭔 냄새인가
이상하다 갸우뚱

입에서 받지 않아
힘겨운 아내에게

입 다심 챙겨 주며
애타하는 아들 마음

한 생명
잉태의 시작
어미 되어 겪는 은총

이젠 됐다!

유달리 자식에게
엄하셨던 아버지

속정 몰라 무서워
다가가질 못했는데

집 마련
소식 듣고 오셔서
"이젠 됐다!" 한마디

그 해 세상 떠나시고
강산 세 번 바뀌었다

아들네 첫 집들이에
알람처럼 울린 그 말

아버지!
꼭 안아드릴걸
가슴이 저며 온다

내리사랑

어디에서 비롯된 심장의 고동일까

생각하면 설레고 웃음 절로 나오는

그립고
또 보고 싶고
안아주고 싶은 너

보챌 때도 귀엽고 울어도 어여쁘고

웃을 때는 녹아들고 잘 때는 천사 같아

별에서
온 너로 인해
한 아름 바다를 안은 나

금禁줄

오랜 벗 그리워도 바투 볼 수도 없고

자식이 보고파도 곁에 오라 못하니

발길을
묶어 놓은 건
코로나 바이러스*

거미줄 친 세상에 거침없이 퍼져서

두려운 마음만큼 하늘은 잿빛인데

마스크
사려는 행렬
끝이 뵈지 않는다

일상을 빼앗긴 채 내심 울컥했어도

목숨 지켜내려고 道通한 모습으로

모질게
금禁줄을 치고
몸조리 하고 있다

* 2019년 우한에서 시작된 폐렴(코로나19 바이러스)으로 온 세계에 퍼진 전염병

거울

두 살 박이 우리손녀
뭐든지 따라하네

까치발 표정 하나
양치질 웃음까지

에구구!
참 맑고 밝은
거울이 되어야지

말복

엊그제 말복 달임 어정칠월 중순에

놀러 온 손녀 주려 복숭아 꺼내는데

"어머니, 말복이에요?"
며느리가 묻는다

알캉한 복숭아 달보드레한 한쪽

아이 손에 쥐어 주며 "말복은 지났단다"

살긋한 대답 듣고서
머느리가 웃는다

말랑 복숭아는 말복, 단단하면 단복

보잡기도 어려운 신세대 성긴 언어

사각의 액정을 건넌
징검돌을 마주하다

꽃피면 안다

빈 옹기 화분 안에
돋아난 들풀 하나

훌쩍 자라 정체 모를
잎만 우긋하더니

더디게
드러낸 얼굴
아, 너는 쑥부쟁이

눈길도 안줬는데
오롯이 가름하여

꿈꾸던 일 일궈가는
널 보니 근감하다

때 되어
꽃피면 안다
얘야, 수이秀異 피우렴

달맞이꽃 추억

화서역 뚝방 길엔
달맞이꽃 천지였지

남편 빈 주머니
꿍기던 속마음은

한 아름
달맞이꽃다발로
아낸 달처럼 웃었지

달뜨면 활짝 웃는
향기 짙은 추억의 꽃

힘들고 메마를 때
살포시 떠 올리지

사십년
지나고 보니
당신이 달맞이 꽃

3부

목련 낙화

하늘 향한 일편단심
꽃 등불 밝히다가

타들어간 마음 같은
아픈 꽃잎 떨군다

꽃 진다
애석해마라
푸른 꿈이 그만 못하랴

민들레

몸 낮춰 낮은 자리
허심虛心으로 살잤더니

성심成心을 어찌 못해
높은 자리 우러르다

백발이
멀미를 앓고
찾아가는 그 자리

* 成心: 이루어진 마음 즉 고착된 자의식, 선입견

넝쿨장미

담이 막혀 있다고
넘어가지 못하랴

가시를 지녔다고
웃음 짓지 못하랴

울 넘어
길 따라오며
자꾸 말을 건넨다

바지랑대

맨머리 긴 줄 얹고
젖은 무게 버틴다

짓 고생하는 어메
물동이 이고 섯 듯

해 아래
맨발 딛고서
하늘 곧추 서 있다

마유목*

헤엄쳐 온 바람 덕에
운덤으로 널 만나서

이내 가슴 기슭에서
도담도담 크는 널

온몸이
뒤틀어지도록
부둥켜안고 살아왔지

짓무른 옹이 자리
구덕구덕 말려주고

뼈품으로 지키며
여태껏 살았는데

이제는
꿋꿋한 네 등에
기대 살고 있구나

* 이 마유목은 강원도 평창 발왕산에 있는 것으로, 야광나무 속에 마가목이 자라는 세계에서 유일한 나무이다

들국화(산국)

북한산 자락길옆
삼삼오오 모여서

작은 얼굴 비비며 노랗게 웃는 국화

그 향기
인심 좋기는
꽃 중에 으뜸이다

어릴 적 엄마하고
추석 성묘 가던 날

샛노랗던 두렁길 繡놓은 듯 가슴에 남아

꽃 속에
겹쳐 보이는
산국 닮은 어머니

자작나무
- 평창 우정숲

기다란 둥치마다
화선지 얇게 둘러

검은 먹물 붓으로
툭툭 찍어 놓았다

누구의
솜씨냐 물어도
아무런 대답 없네

자잘한 잎사귀들
추억처럼 매달려

햇살이 간새 바람
몰고와 만지작대니

나무에
윤슬이 일고
옛 꿈들도 물결치네

늦가을 은행나무

또 다시 찾아 온
간절한 가을날에

노란 옷 곱게 입고
행여라도 만날까

그리운
그대 보고 싶어
약속도 없이 기다리네

싸한 바람 타고 온
입동추위 견디다가

늦가을 그 나무 밑
옷 소복이 벗었는데

앙상한
나뭇가지 사이로
정든 햇살 지나가네

꽃잔디 세상

흙의 소리 듣는다
땅에 엎혀 웃는다

옹알이가 자라서
터뜨린 말들이다

윗 세상
아랑 곳 없이
널리널리 퍼진다

봄, 수행자

산등성 잔설 밑에 뿌리는 저려오고

흙은 새싹 틔우며 산통 하듯 하더니만

매화가 봄을 앞당겨
재촉하는 눈빛이다

산수유 개나리꽃 진달래 노래하고

연록의 수양버들 바람결에 춤추며

양지쪽 순백 목련도
등불을 추켜든다

창 너머 그대들이 마음 뒤흔들어도

역병의 종주먹에 문빗장 지쳐놓고

不願의 수행자같이
이 봄을 보내누나

개망초

두루춘풍 그대는
둘치 같은 나에게

망초 꽃 한 모숨을
손에 쥐어 주었지

화해의
몸짓이란 걸
돌아선 뒤 알았지

산수유 단상

무눈*에 꽃샘추위
눅진 해토머리에

봄뜻이 살갗으로
살포시 스치는데

산수유
기다렸다는 듯
뿌려놓은 꽃빛 발

오므린 꽃봉오리
터질 것 같은 것이

말문이 트지 못한
세 살 박이 손녀다

꽃폭탄
터뜨리려고
말동무 달려온다

* 오자마자 녹는 눈

꼬마벤치

듬직한 무쇠 솥
앉혀놓은 부뚜막

큰솥엔 황소 여물
옹솥엔 식구들 밥

아궁이
불 잦아들면
따뜻한 꼬마벤치

눈치 빠른 고양이
슬그머니 퇴장하면

찐 고구마 식을까
가마솥 옆 온기 쐬어

자식들
허기진 빈속
채워 주던 어머니

세치 혀

맹문 없이 세치 혀에
찔려서 쓰러지니

사나운 늑대 환영幻影
능글대며 다가와

영혼의
갈빗대 하나
움켜쥐고 뜯는다

으르고 능치는 걸
진즉에 익혀둘 걸

헛헛하고 쭈그러진
마음 한켠 접고서

기억을
우려내는 중
물매 들고 오시는 이여

집짓기

한여름 매미 같은
그악스런 불면은

쟁기질로 시간의
긴 고랑을 갈다가

붙잡던
잠을 부수고
첫 시詩집을 짓는다

튤립 꽃 독백

너 혼자 좋아해서
무척 외로웠을거야

널 좋아한단 말
한마디도 못했어

그런 말
터뜨리기엔
수줍고 어렸거든

조금씩 맘 부풀어
열려질 즈음에는

넌 붉게 타오르고
나는 순백이었지

물기가
가시지 않은 봄
네 무지개 내게 뜨고

4부

꿈꾸는 달빛초당

문덕산 기슭에 주인 닮은 녹차 밭

그 달빛 차 향기는 고운님 미소 같다

시인 손
차 우려내는
굽은 마디 삶의 자국

초당 뜰엔 온갖 꽃 수줍은 듯 피고지고

산 수국 참나리 꽃 처음만난 병아리 난

하얀 빛
노각나무 꽃
가장 예쁜 달빛가인

월출산 달이 뜨면 작은 연못 하늘 되고

시심을 우려내는 청아한 샘물소리

자연에
돌아가려는
시인의 꿈 영글다

반달송편

추석에 으뜸음식 옛 이름은 송병이라

반죽 돌려 팥 소 넣고 반접어서 다문 입

배 채워
새침하기는
새언니를 닮았다

산골 깊은 곳에서는 투박한 모양이나

보기에 예쁜 떡만 맛좋은 건 아니다

제각각
고을마다 다른
모싯잎떡 감자떡

보름달 다 차며는 기울어 반달 되고

그 달도 다시 차면 둥근달 되는 것을

남북도
이제 하나 돼
번창하길 빌리라

전지剪枝

솟구치는 열망을
참을 수가 없었지

남보다 튀면 안 되는
세상인 줄 몰랐어

벼려진
연장사이로
진한 눈물 흘리네

순천만 갈대숲

늦가을 하늘 두른
우주틈새 갈대밭

칠게 도둑게 숨바꼭질
그 속에 이는 바람꽃

시국이
늪이 되어 가고
사람들은 흔들렸다

갈대가 자라나는
진흙 뻘 속 이야기에

지나가는 이 나그네
마음속이 시끄럽다

갈대숲
버석거리지만
짱뚱어는 잘도 논다

단풍잎 우산

햇살의 너스레에
새빨개진 네 모습

도래샘 물속에서
뱅그르르 웃는다

계곡에
버들치들이
우산 쓰고 노닌다

붉은 단풍잎처럼
빛이 나는 얼굴로

계곡 물소리처럼
청량한 목소리로

달래고
위로해주는
우산 같은 벗이여

넓은 품
  - 와이키키에서

태풍도 잠재우는 상춘의 하와이 섬

마지막 남았다는 지상의 낙원에는

야자수
높이 푸르고
플루메리아꽃 어여쁘다

와이키키 해변은 무엇이든 품을 듯

파도가 일렁이면 잔모래 뒹굴면서

발자국
별일 아닌 듯
태평양으로 밀고 간다

끝없는 샘물

태백산 골짝에서 힘을 다해 샘솟는 물

한강의 어머니는 이끼 덮인 굽은 세월

쉼 없이
핏줄 타고서
낮은 곳으로 흐른다

임진강을 만나서 서해 가는 끝자락

보습 닮은 보구곶 포구로 거쳐간다

검룡소*
끝없는 샘물
우리 젖줄 발원지

산꼭대기 샘물에서 강물을 본다는 건

부모님 품으셨던 간절한 꿈인 거다

영원한
사랑의 발원
살아가는 원천이다

* 검룡소는 태백에 있는 한강의 발원지로서, 그 물이 경기도 김포시 월곶면 보구곶리까지 흘러서 서해로 간다

개미 마을*

하늘을 닿을 듯이
계단위에 또 계단

고단한 땀이 밴
집들이 다닥다닥

트로트
가락 사이로
두런대는 부부 정담

한여름 한껏 웃는
전봇대 옆 접시꽃

한 뼘의 도라지 밭
낮인데 별이 떴다

버스가
숨차게 오른다
세월을 멈출듯이

* 서대문구 홍제동 소재

강천산*만 같아라

금강 계곡 타고서 흐르는 맑은 옥수
투명하고 고운 새소리 여기가 어디인가
강천사
저 불경 소리에
발걸음이 느긋하네

기암奇巖산에 현수교 짜릿하게 걸렸다
수많은 철 계단을 수행하듯 올라가
어느새
미색美色에 취한 듯
비틀비틀 건너네

햇살에 목욕하는 단풍 속살 눈짓에
구장군 폭포 병풍폭포 남녀가 회답하니
초록의
대숲 앞에서
천기누설 해볼까

귀여운 애기단풍 붉게 물든 산에서
레드카펫 밟으며 환히 웃는 우리들

내 삶의
가을 잔치도
강천산만 같아라

* 강천산은 전북 순창에 있는 군립공원

가을날의 기도

높고 푸른 하늘처럼 희망을 채우시고

황금빛 이삭처럼 겸허히 고개 숙여

억새꽃
대공에 기대 피듯
당신을 의지하게 하소서

낙엽처럼 내려앉을 그 때를 알게 하시고

코스모스 물결처럼 춤추듯 살아가며

밤톨이
가시껍질 열 듯
나를 깨게 하소서

계수나무

당신, 얼마나 깊은
사랑을 하였기에

한 개의 심장으로
다 담을 수 없었나요

주어도
다 내주어도
늘 푸른 계수나무

당신은 얼마나 큰
사랑을 하였기에

달나라 마다하고
이곳에 오셨나요

세월이
가고 또 가도
늘 푸른 계수나무

겨울 나목

모든 걸 내려놓은
백성 같은 나목들은

차갑고도 매서운
동장군 앞에서

용감한
독립군처럼
결기 찬 모습이다

저뭇해 된바람에
긴 가지 부딪혀서

이슥한 골짝마다
현의 곡조 울리면

뿌리는
용기를 내어
산허리를 뚫는다

사비성 일기

백제의 옛 도읍인
사비성에 당도하니

노승 없는 정림사지
오층석탑 홀로 서 있다

궁남지
드넓은 연못엔
연잎 합장 연꽃 미소

이곳에선 아련히
서동요*가 들리는 듯

백제의 흔적들이
초면인데 낯이 익다

정교한
금동대향로 위
봉황새가 날 것 같다

* 서동요: 백제 서동과 신라 선화공주가 사랑에 빠졌으나 국적과 신분이 달라 어려워지자 둘이 일부러 퍼뜨린 노래

거리두기

누구든 상관없다 어디든 갈 것이다
총알보다 빨라서 막아낼 길도 없다

온 땅에
막무가내로
퍼지는 바이러스*

첨단 무기들도 심리전도 안 통하는
인정사정없는 넌 얼굴 없는 공적이다

사차원
침투 앞에서
어찌할 도리 없다

마스크로 가리고 눈만 빼꼼 내놓고
뛰놀고픈 아이들 학교문도 닫혔다

너와 나
간격 이二 미터
요즘 미덕은 거리두기

* 코로나19: 중국 우한에서 시작된 코로나 바이러스

유도留島 *

한강의 눈물과
임진강의 슬픔이

돌고 돌다 머물러
마침내 탄생한 곳

남녘도
북녘도 외면한 외로운 칠십년

짙푸른 솔숲으로
하얀 학들 날아들고

기는 동물 뛰는 짐승
노니는 조그만 섬

파도가
거칠지라도 부드러운 품되고

석양 노을 곱게 물든
그 섬이 내게로 와

피곤한 삼팔선을
지워 달라 애원 하네

유도의
손짓을 보며 애가 타는 이 마음

* 유도: 학섬 또는 뱀섬으로도 불리며 서부휴전선 근처에 있는 아름다운 무인도로 육이오 전쟁 이전엔 몇 가구가 살았었다고 함

인제의 아침풍경

인제가 험했던 건 이제는 옛이야기

방태산 줄기자락 터 잡은 친구쉼터

친한 벗
주말이면 나들이
오순도순 사랑방

집 옆에 계곡물이 유유자적 흘러가고

산 겹겹이 밤새워 그린 새벽안개 수묵화

저 꽃들
유혹하는 눈빛에
날아드는 벌 나비

친구가 행복해 하니 험한 산도 아늑하다

온 몸을 편안히 뉘고 쉼을 누려본다

산중의
맑은 기운을
시조 혼에 담아볼까

작품해설

행간과 행간에 숨어있는 따뜻함의 철학

김 선 희(시인)

〈작품해설〉
행간과 행간에 숨어있는 따뜻함의 철학

김 선 희(시인)

1. 사랑으로 덮으리

　한영례 시인은 상담학을 전공하고 심리상담을 오랫동안 해온 경험을 바탕으로 생성과 소멸을 순환하는 자연적인 지배에서 자유로울 수 없는 인간의 유한성을 시로 표현하고 있다. 시인에게 시간은 느려야 한다는 것, 과거 또는 미래와 끝없이 불화하고 화해하는 현재라는 시간 속에서 겹겹의 기억과 감정과 꿈을 표현해야 하므로... 라고 말한다.
　시는 자신의 정을 펴는 서정적 장르다. "많은 눈을 가진 나는 기록해야 한다." 는 다짐이야말로 시인이 자신의 현존성을 지각하는 방식이다. 한시인은 그림을 그리다가 2017년 시조시인협회 기관지인 〈시조미학〉에 응모하여 시조시인으로 등단했다. 그녀는 목사님을 내조하는 아내로서도 손색없는 빈틈없는 시인이다. 바쁜 와중에도 심리상담을 19년이나 해서일까 부드럽지만 단단하다. 무엇을 맡겨도 책임감 있게 해낸다. 한편의 시와 삶이 다르지 않은 보기 드문 시인이다.

  시조의 노벨상이라는 시조미학으로 등단한 한 시인의 시를 살펴보자 시는 현재를 지배하면서 미래로 시간을 끌고 가는 실존적 힘이 있다. 표제작이기도 한 〈누가 말하지 않아도〉에서도 그는 '인생은 기댈 수 있는 그 품에서 웃는다' 고 썼는데 그녀의 따뜻하고 포용력있는 성품이 잘 나타나 있다. 그럼 첫 페이지를 장식한 〈어시魚翅〉를 보자, 어시는 물고기의 지느러미이다.

  따뜻하고 다정한
  당신의 말 한마디

"사랑한다, 예쁘다"
  살갑게 몸에 붙어

  아무리
  험한 세상도
  헤엄치게 합니다
「어시魚翅」 전문

위의 시조는 한 시인의 마음을 표현한 것이라는 생각이 든다. 그러기에 시집의 첫 자리를 장식하고 있는 것이리라. 한시인의 등단작 〈햇살통장〉도 사물과의 오랜 친화를 통해 가닿는 심미적 긍정의 언어로 표현된다. 이처럼 자신의 내면에서 그득하게 출렁이는 기억들에 의해 발원된다. 그럼 표제작이기도 한 〈누가 말하지 않아도〉와 〈행복은〉 두 편을 읽어본다.

호숫가 솔가지는
물을 향해 팔을 뻗고

베란다 예쁜 꽃들
햇빛 향해 입술 열고

생명은
태어난 순간
사랑으로 향한다

자란 곳 그리운 이
고향 향해 발길 가고

본향을 품은 이는
천성 향해 걸어간다

인생은
기댈 수 있는
그 품에서 웃는다
         「누가 말하지 않아도」 전문

사랑하는 사람 하나
있으면
되는게지

사랑받는 사람 하나
있으면
되는게지

서로가
마음 터놓고
말할 사람 하나면 되지
            「행복은」 전문

 위의 두 편의 시를 읽다보면 사려 깊은 이해심 속에서 따뜻한 관조와 형식미학을 함께 지닌 지나치지 않는 섬세한 서정이 삶과 사람을 따스하게 헤아리며 작품에 담긴 생각과 정서를 마음껏 향유하게 만드는 복합적 이미지를 준다. 시인의 올곧은 자아가 시의 페르소나로 고스란히

재현되어 사람과 사물 모두를 사랑으로 바라보는 긍정이 내재되어 감명을 더 한다. 〈행복은〉 시를 읽다보면 배시시 웃음을 건져올린다. 한시인은 무엇보다도, 모호하고 어려운 은유 뒤에 숨지 않고 삶에서 건져 올린 생생한 시어들이 살가운 친근감을 느끼게 하는 화법을 쓰고 있다.

조금 더 용기 있게
가슴열고 맞서리라

세상을 거꾸로 본
믿음으로 채우리라

사랑이
넉넉한 꽃밭을
일구면서 살리라

오늘 감춘 햇살에도
감동을 기대하며

희망을 가득채운
기쁨의 언어들로

말하리

움직이는 마음
사랑하는 이에게

「인생을 다시 산다면」 전문

우리가 시에서 자각하고 유추해 낼 수 있는 시간이란 한동안 그것이 사물들을 규율하다가 사라져가는 곳에서 역설적으로 생겨나기 마련이다. 하지만 한편으로 그러한 소멸형식은 또 다른 차원의 존재론적 생성을 준비하는 필연적 단계이기도 하다. 아니 소멸해 가는 사물들의 안쪽에 이미 생성의 기운이 충실하게 잉태 된다고 해도 틀린 것은 아닐 것이다. 우리는 홀로 살아가는 단독자單獨者가 아니라, 숱한 생성과 소멸의 과정을 통해 의미를 획득해가는 상호 결속의 존재자이기 때문이다. 한시인은 우리가 만날 수 있는 음역音域은, 대상을 향한 가없는 사랑의 몫으로 소통하며 깨달음을 준다고 말한다. 시인의 시 〈인생을 다시 산다면〉에서 "사랑하는 이에게"로 자신의 삶을 수용해 가고 있다. 목사님이신 남편을 따라 목회 일을 내조하면서 안게 되는 오르고 내리는 삶 또한 사랑으로 덮으리라 다짐하며 기도 하는 것을 시를 통해 볼 수 있다.

2. 내리사랑

신비로운 엄마 궁에서 조금 일찍 나온 공주

유월 중순 첫 상봉 가슴이 두근두근

연인을
기다린 듯이
한걸음에 달려갔다

가슴에 가만가만 안아보는 뿌듯함

세상을 다 얻은 듯 두 눈 속에 담았네

예수는
구유에 오시고
너는 인큐베이터에 왔구나

새 생명 경이로워 찬양하는 내 마음

평생토록 사랑 받고 기쁨 되게 하소서

손녀가
강건하기를
빌고 비는 할머니

「할머니 기도·1」 전문

위의 시를 읽으며 이 세상에서 아가처럼 신비로운 존재는 없다는 것을 느낀다. 내가 낳은 아이가 가정을 이루어 아이를 낳아 비로소 할머니가 되었을 때의 기쁨은 시인자신의 오랜 기억과 경험 속에 녹아든 순간의 잔상에 대한 소중한 경험이 담겨 있다고 보여진다. 그 기억을 재생시키는 원리는 심미적 순간에 대한 재현의 감각과 삶을 충실하게 살아온 깊은 마음에서 발원한다. 사라져가는 모든 존재자들을 새로운 가능성으로 생성 해내는 기억의 이러한 운동은 시인 자신의 몸과 마음에 새겨진 수많은 장면을 끊임없이 되살려낸다.

〈조청〉에서도 엄마의 손맛을 그리워하고 〈할머니 기도·2〉에서는 아가가 옹아리 하는것을 방언을 시작했다고 손녀의 예쁨을 표시한다. 아이가 옹아리를 할 때 모든 식구들이 거짓말쟁이가 된다. 아빠는 아빠대로 엄마는 엄마대로 자기를 불렀다고 말한다. 서투른 숟가락질에도 웃음보를 터지게 하고 '할미' 부를 날을 고대한다. 세 살이 되면 미운짓을 곧잘 하는데 그래도 그저 예쁘기만 한 손녀다. 〈친정집 포도나무〉, 〈아버지의 황소〉등에서도 사랑이 가득한 시인은 부모님에 대한 그리움이 절절하다. 아래 시 한편을 읽으며 사랑의 완성을 본다.

　어디에서 비롯된 심장의 고동일까

생각하면 설레고 웃음 절로 나오는

그립고
또 보고 싶고
안아주고 싶은 너

보챌 때도 귀엽고 울어도 어여쁘고

웃을 때는 녹아들고 잘 때는 천사 같아

별에서
온 너로 인해
한 아름 바다를 안은 나

「내리사랑」 전문

  한영례 시인의 시는 대체로 평온함을 유지하면서 사랑의 날개를 활짝 펴고 있다. 흔히 자식 사랑을 내리사랑으로 표현하지만 한시인은 유독 손녀사랑의 표현을 질투나게 하고 있다. 외아들에서 오랜 기다림 끝에 난 손주사랑이라 더 그러리라 싶다. '웃을 때 녹아들고 잘 때는 천사같다는 표현만 보아도 사랑의 완성을 보게 된다. 〈아버지의 황소〉, 〈이젠 됐다〉도 아버지가 한시인의 어린 시절을 사랑한 기억을 들춰내고 있음을 보면서 사랑을 받은 사람이 사랑을 지극하게 전함을 볼 수 있다. 시인은 가정의 소소한 일상의 모든 일에서 아버지에게는 애틋한 그리움으로, 손주에게는 현존의 실존적인 의식의 변주가 사랑의 목소리로 나긋하게 배어 나오고 있음을 볼 수 있다.

3. 자연을 통한 심미적 언어의 성취

몸 낮춰 낮은 자리
허심虛心으로 살잤더니

성심成心을 어찌 못해
높은 자리 우러르다

백발이
멀미를 앓고
찾아가는 그 자리

「민들레」 전문

한영례 시인은 자연 속에서 낮은 곳으로 내려가는 것을 〈민들레〉에게서 배우는 것일까, 고착된 자의식이 어쩌지 못하는 인간의 심리를 시인은 심미적 언어로 미학적 성취를 멀미를 앓고 나서 민들레에게 찾아가 소망하고 있다. 시조의 깊은 원의는 시인 자신에 대한 탐색과 성찰을 일차적이고 궁극적인 목표로 하는 서정의 한 양식이다. 서사나 극이 상대적으로 세계탐구의 지향을 가지고 있는데 비하면 이러한 시조의 서정양식의 자기탐구 지향은 각별하다 할 수 있다. 그래서 시조는 자기 확인 욕망에 있으며 섬세하게 밟아갈 수 있다. 한시인은 성실하게 삶을 영위해 나가기에 잘 갈무리해둔 깊은 속내를 시로 표현하고 있다. 다른 시 몇 편을 더 보자,

〈늦가을 은행나무〉, 〈꽃 잔디 세상〉, 〈목련낙화〉 다른 시편에서도 따뜻함을 행간속에 묻고 있다. 약속도 없이 기다리는 그리운 그대, 신이 될 수도 있고 다른 누군가가 되어도 좋다. 꽃잔디가 위아래 없이 널리 퍼지는걸 보며 하늘 향한 일편단심을 꽃등불로 밝히는 밝은 세상을 꿈꾸는 것이다.

4. '나를 깨게 하라.' 는 근원적 심층에 대한 묘사

한시인의 시조는 단순하고 소소로운 개인적인 기억보다는 우리의 삶 한가운데 존재하는 가장 근원적인 가치에 대한 신의 소고, 적극적으로 마음을 열면서 어떤 공동체적인 차원에 접근하려 한다. 그래서 개별적이고 구체적인 경험을 미학적 핵심으로 하면서도 거기에 옹색하게 머무르지 않는다. 아래 시 한편을 함께 읽어 본다.

높고 푸른 하늘처럼 희망을 채우시고

황금빛 이삭처럼 겸허히 고개 숙여

억새꽃
대공에 기대 피듯
당신을 의지하게 하소서

낙엽처럼 내려앉을 그 때를 알게 하시고

코스모스 물결처럼 춤추듯 살아가며

밤톨이
가시껍질 열 듯
나를 깨게 하소서
「가을날의 기도」 전문

  가을 날의 기도를 읽다보면 한시인의 시의 골격은 전능하신 신이 골격으로 근원을 이루기에 이삭처럼 겸허히 고개숙여 당신을 의지하게 하소서, 나를 깨게 하소서. 기억의 현재적 구성력과 삶의 보편적 형식이 결속되어 있다. 고운 님 미소 같은 〈꿈꾸는 달빛 초당〉, 늦가을 하늘 두른 〈순천만 갈대숲〉, 초록의 대숲 앞에서 천기누설이나 해

볼까? '내 삶의 가을 잔치도 이정도로' 그렇게 라는 〈강천산만 같아라〉 등 한영례 시조의 근원적인 목적은 시인 자신에 대한 성찰과 탐색을 일차적이고 궁극적인 목표로 한다. 한시인은 대상의 관찰에 치중하는 시와 주체 내면의 성찰이 주를 이루는 시도 있지만 대상과 주체의 부단한 교섭이 있다. 그로 인해 한시인의 시는 울림통 좋은 악기와도 같이 어떤 소리이든 거둬서 자신의 것으로 만들고 또 공명하여 널리 펼쳐 놓는다. 좋은 울림통의 역할은 풍부한 상상력과 낭만적 감상이다.

  시 한편을 감상해 본다.

모든 걸 내려놓은
백성 같은 나목들은

차갑고도 매서운
동장군 앞에서

용감한
독립군처럼
결기 찬 모습이다

저뭇해 된바람에
긴 가지 부딪혀서

이슥한 골짝마다
　　현의 곡조 울리면

　　뿌리는
　　용기를 내어
　　산허리를 뚫는다
　　　　　　　　　　　　　「겨울 나목」 전문

　자연도 관찰의 대상이기보다는 시인자신의 내면을 반영하는 양상을 보인다. 한시인은 시간의 흐름에 따라 대상을 바라보는 시선이 활짝 열리며 관계의 절대적인 것에 주목하게 된다. '뿌리는 용기를 내어 산허리를 뚫는다'에서 관점과 의식의 시간성을 본다.

　한영례 신인은 독서광이라 할 정도로 많은 시간을 책을 읽는데 소비한다. 그래서일까, 시조시인으로 확고하게 자리매김을 하고 있다. 독서력과 활달한 상상력, 풍부한 감성은 현상을 포착하는 예리한 지각을 만들 것이고 시인의 시를 다채롭게 분화시킬 것이다. 노력은 천재도 능가하는 마력을 지녔으므로 한영례 시인의 밝고 환한 미래가 가늠된다.

엔크 시인선

누가 말하지 않아도

초판발행일 2020년 9월 15일

지 은 이 한영례
펴 낸 이 박태일
펴 낸 곳 도서출판 엔크

출판등록 제301-2008-137호
주 소 서울시 중구 을지로 14길 8, 800호
전 화 02) 2268-5152
팩 스 02) 2268-5154

I S B N 979-11-86254-31-8 03810
정 가 10,000원

*인지는 저자와 합의하에 생략하며 잘못된 책(파본)은 교환해 드립니다.

이 도서의 국립중앙도서관 출판예정도서목록(CIP)은 서지정보유통지원시스템 홈페이지(http://seoji.nl.go.kr)와 국가자료종합목록 구축시스템(http://kolis-net.nl.go.kr)에서 이용하실 수 있습니다. (CIP제어번호 : CIP2020035414)